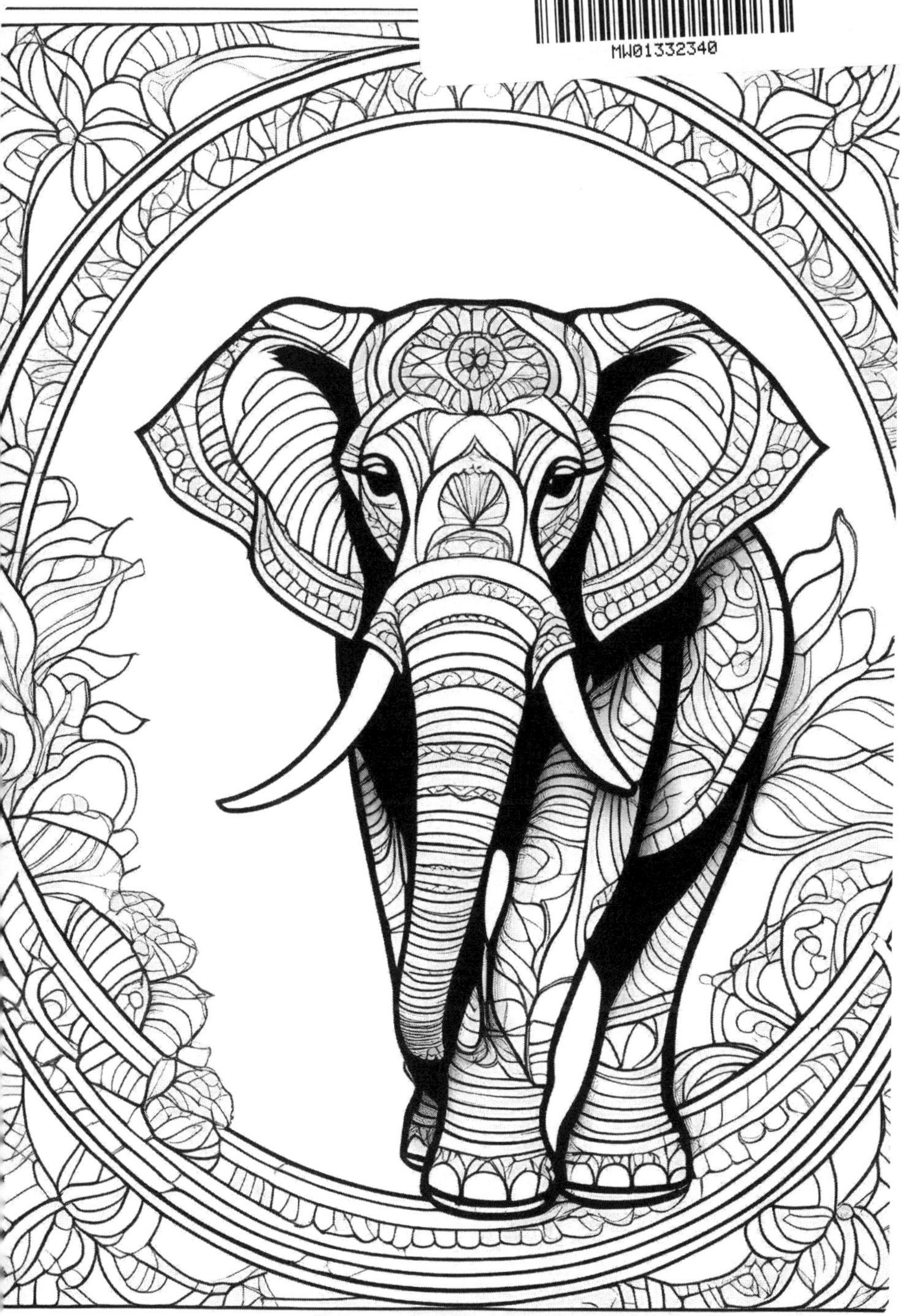

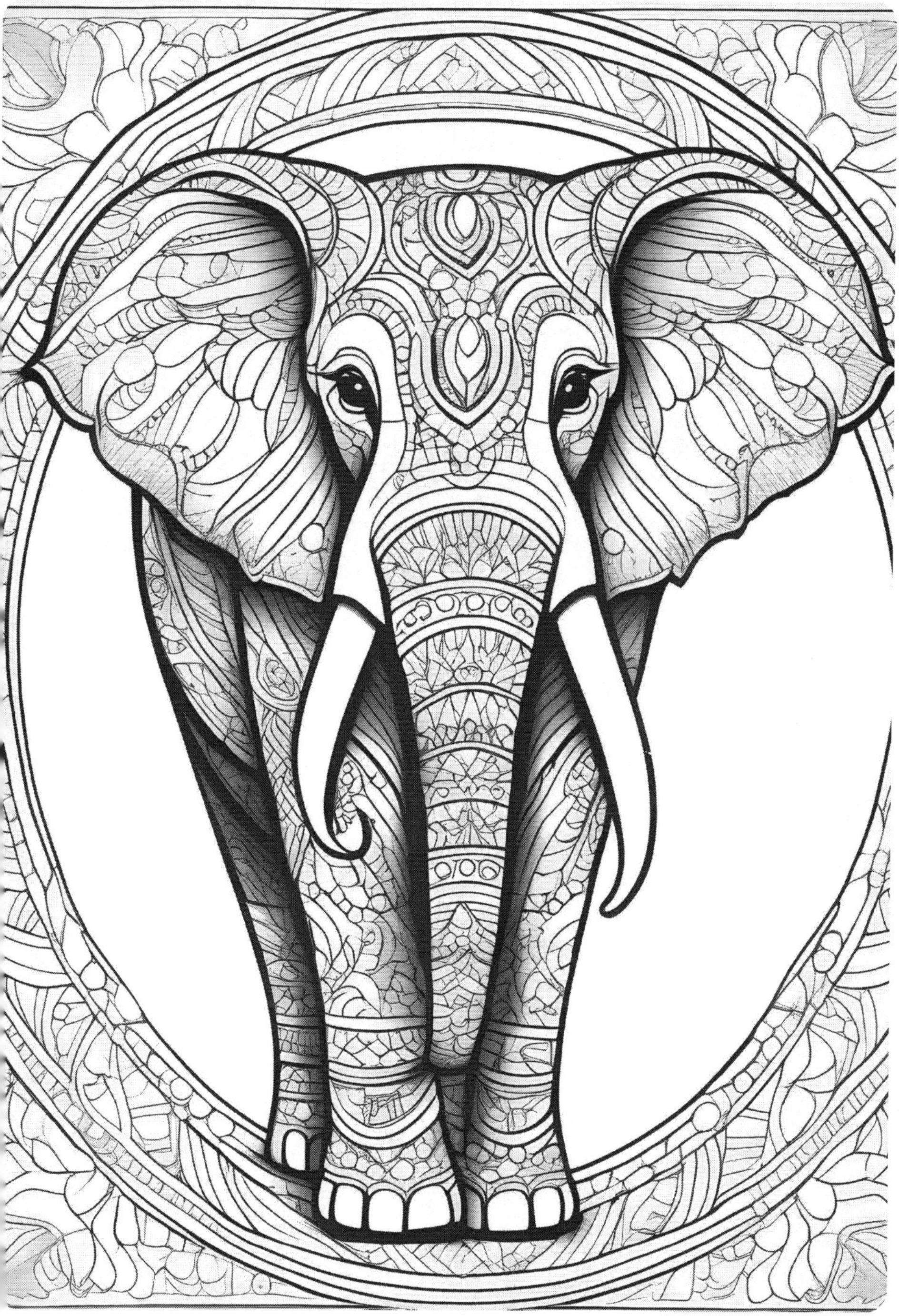

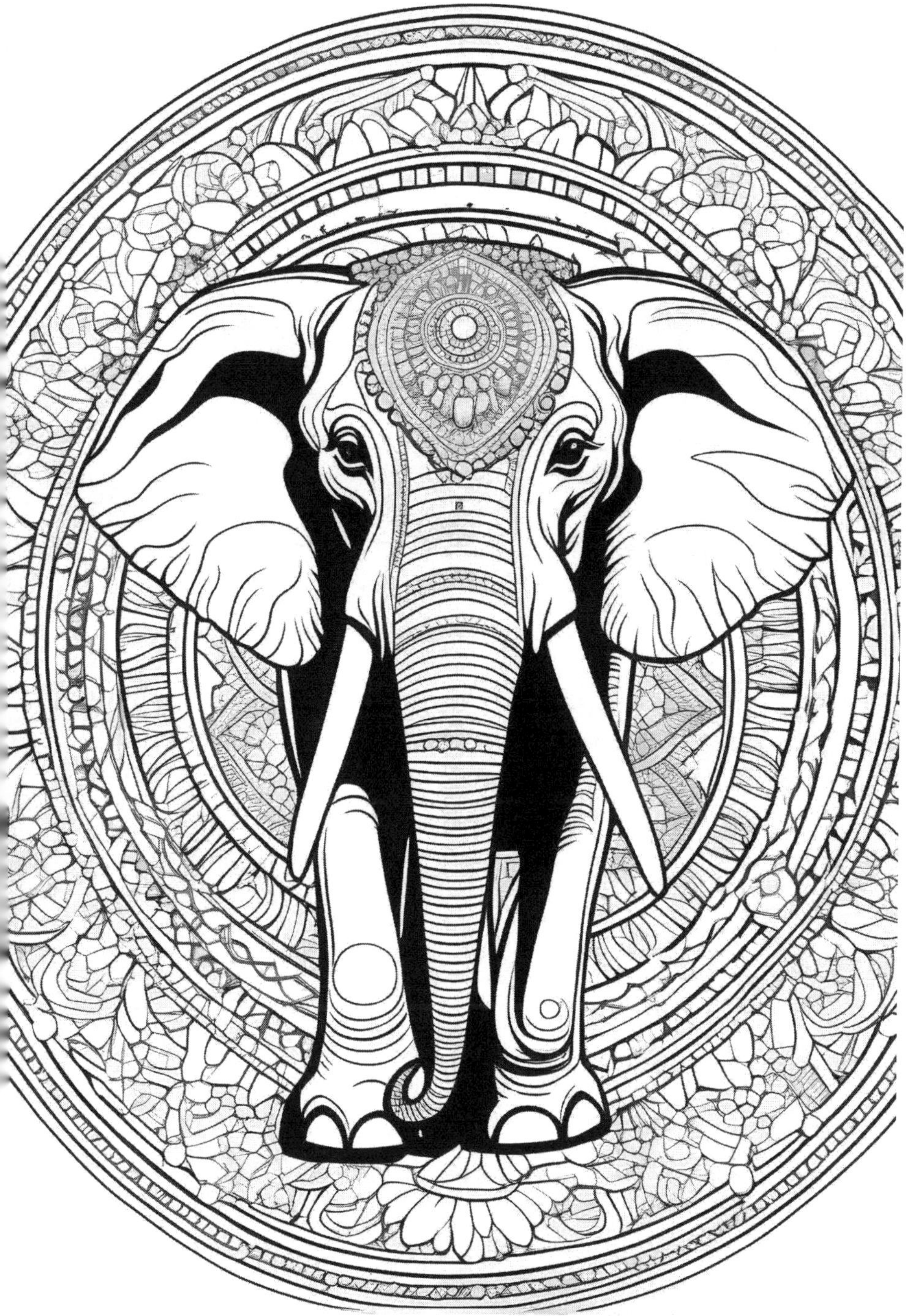

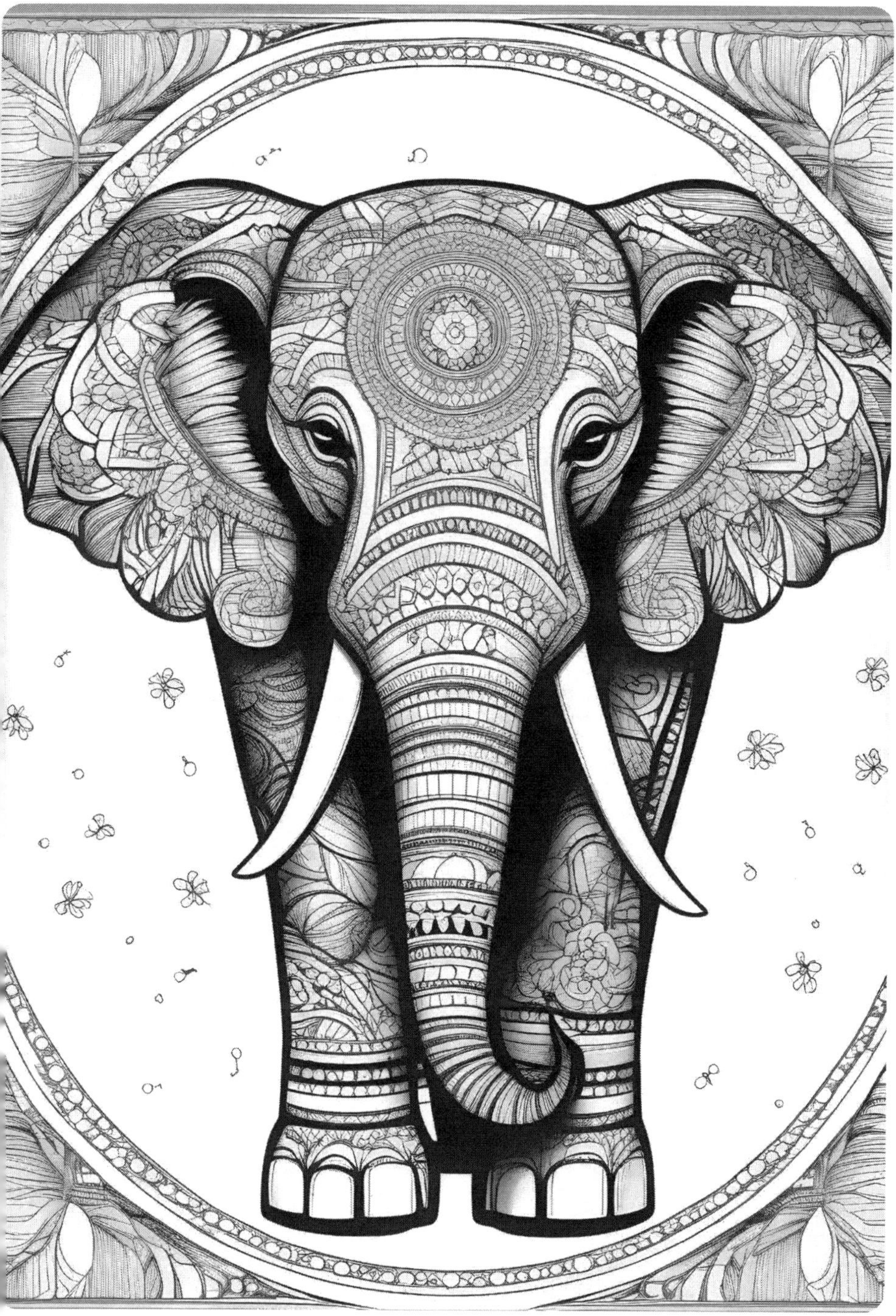

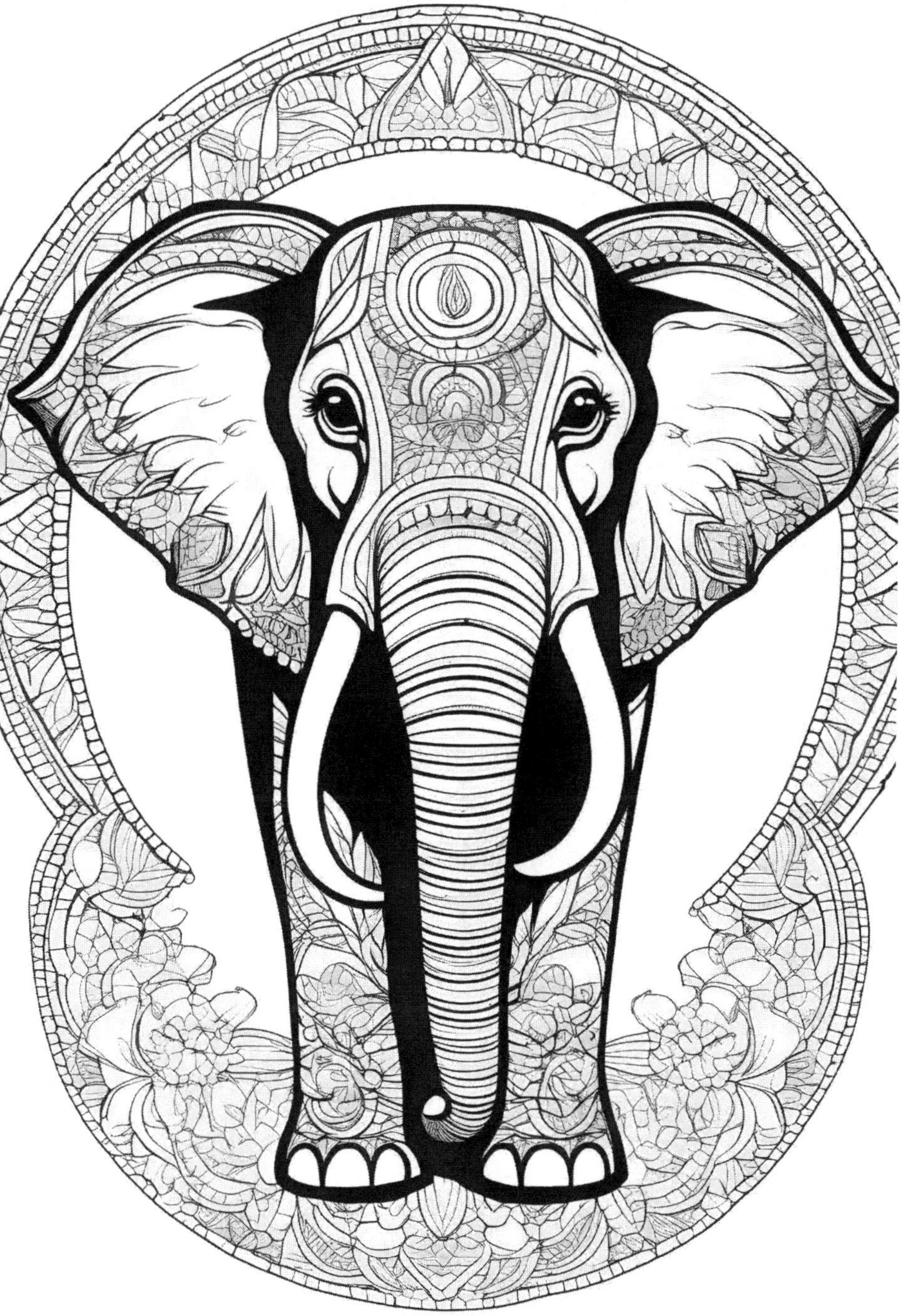

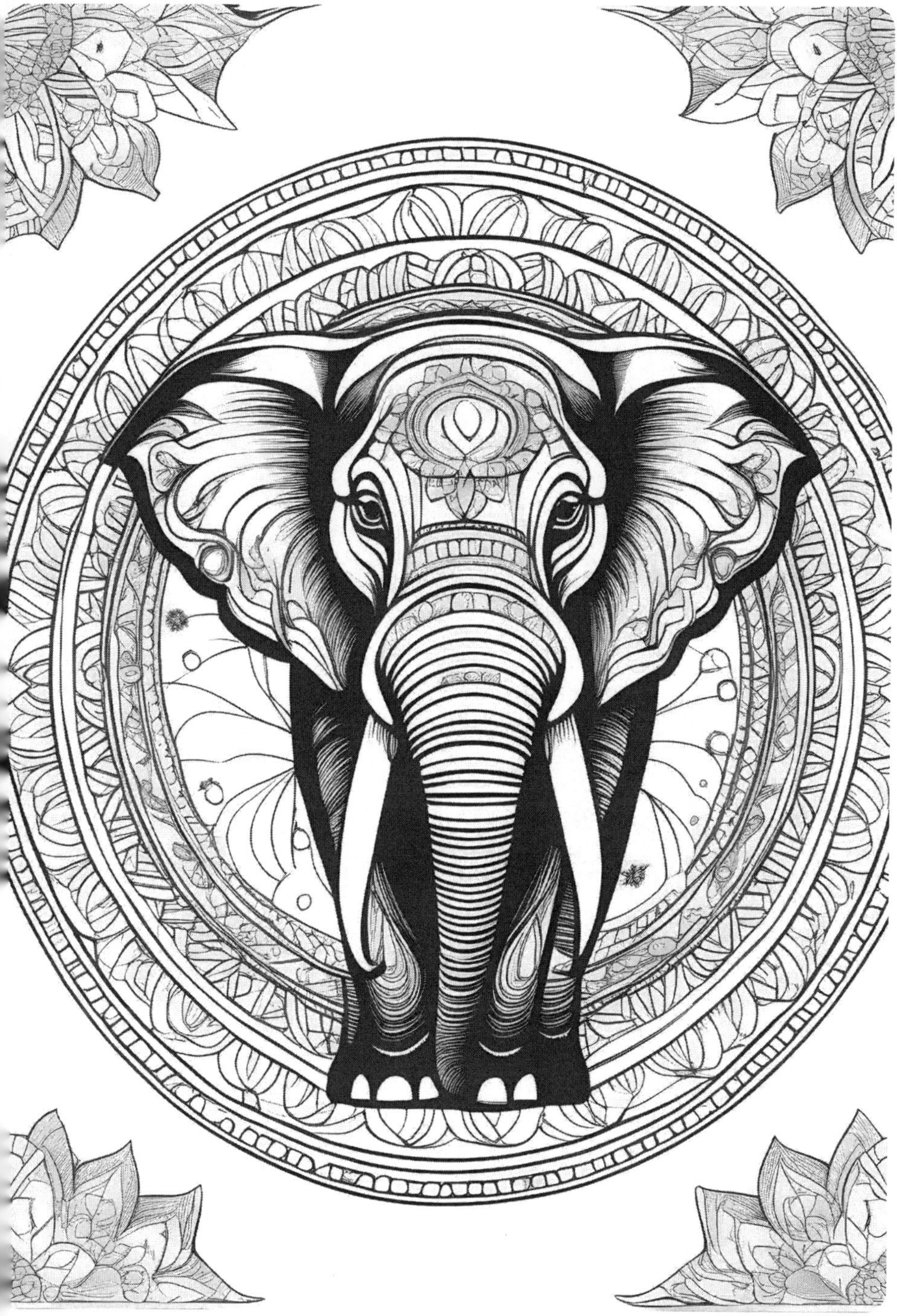

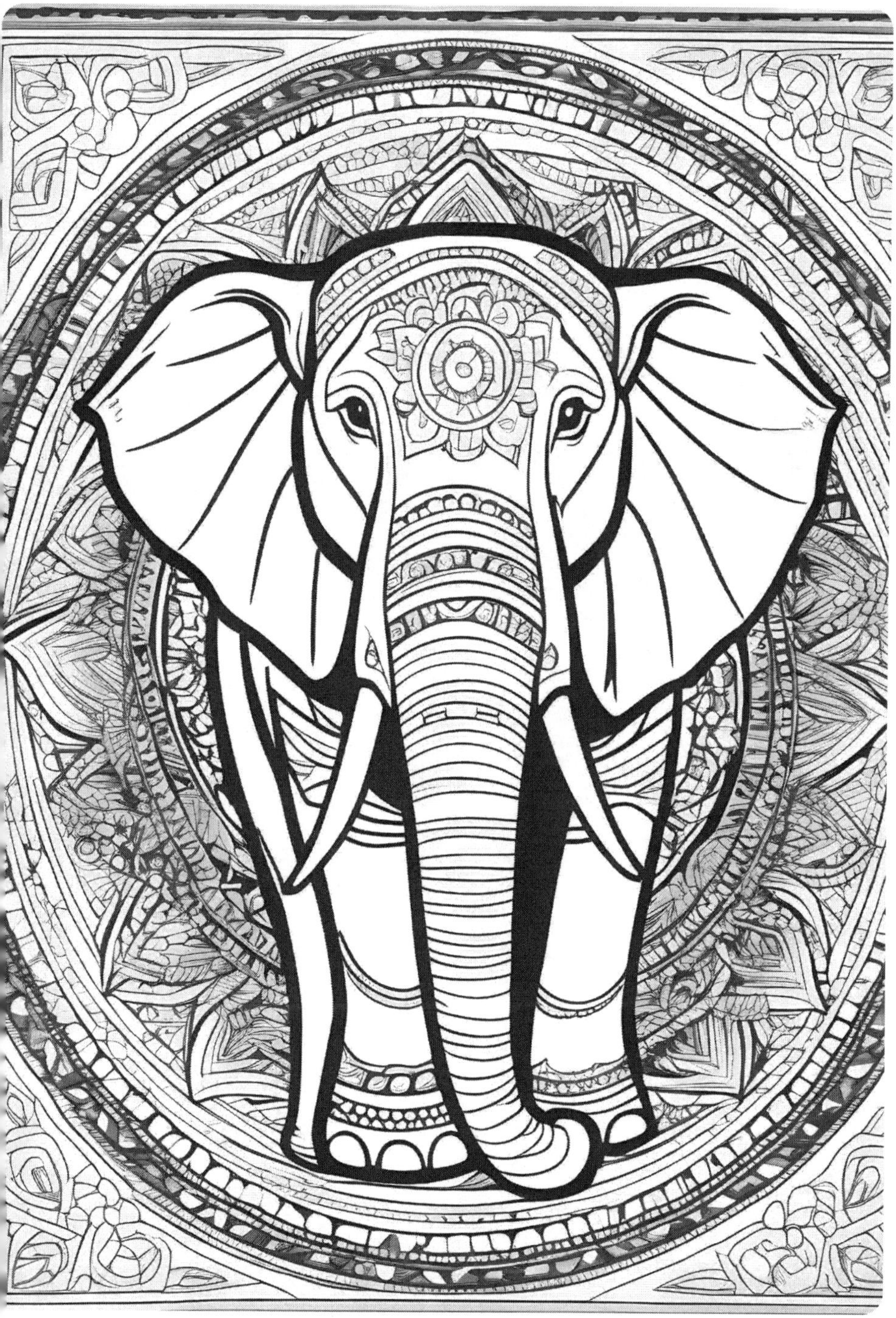

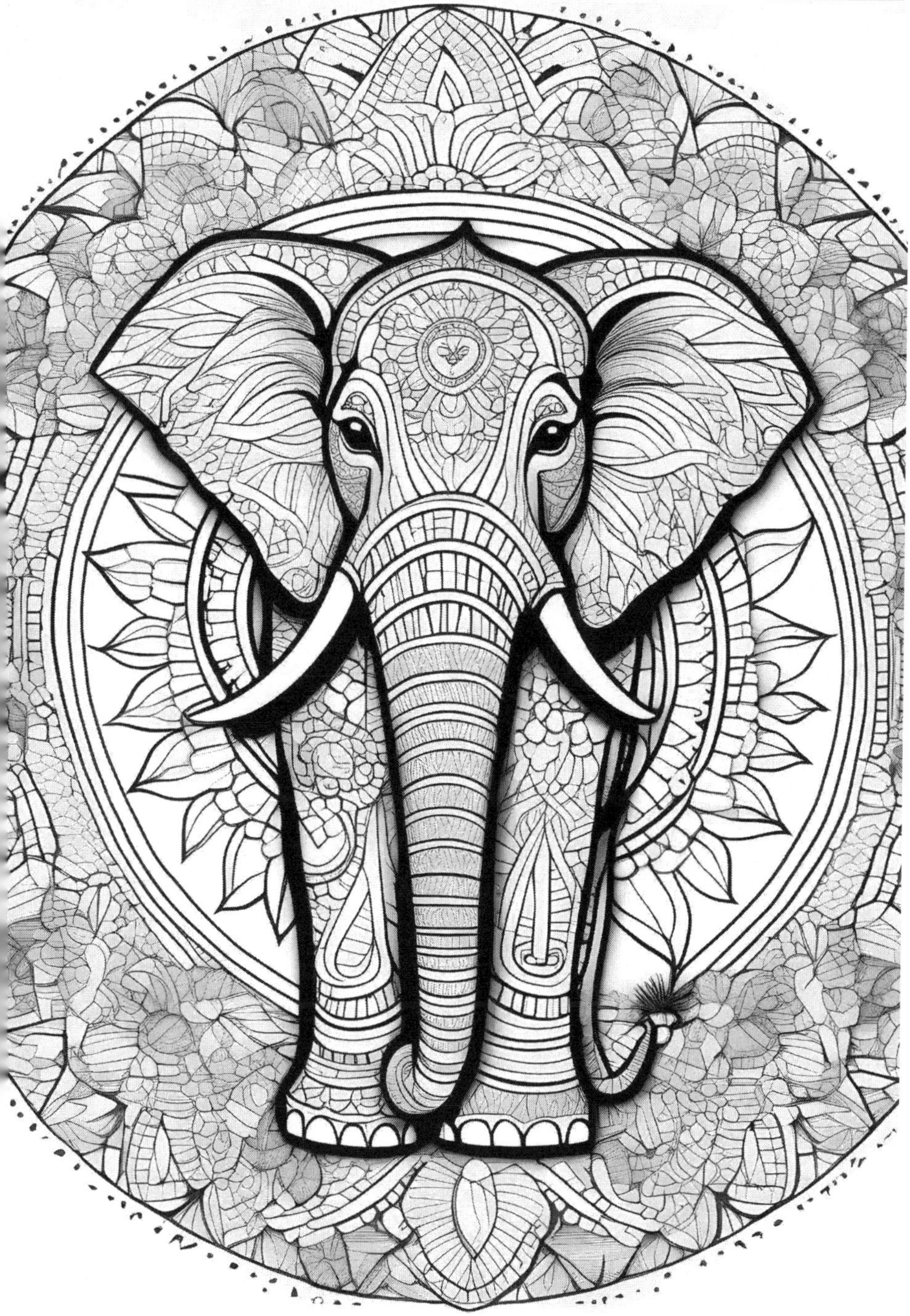

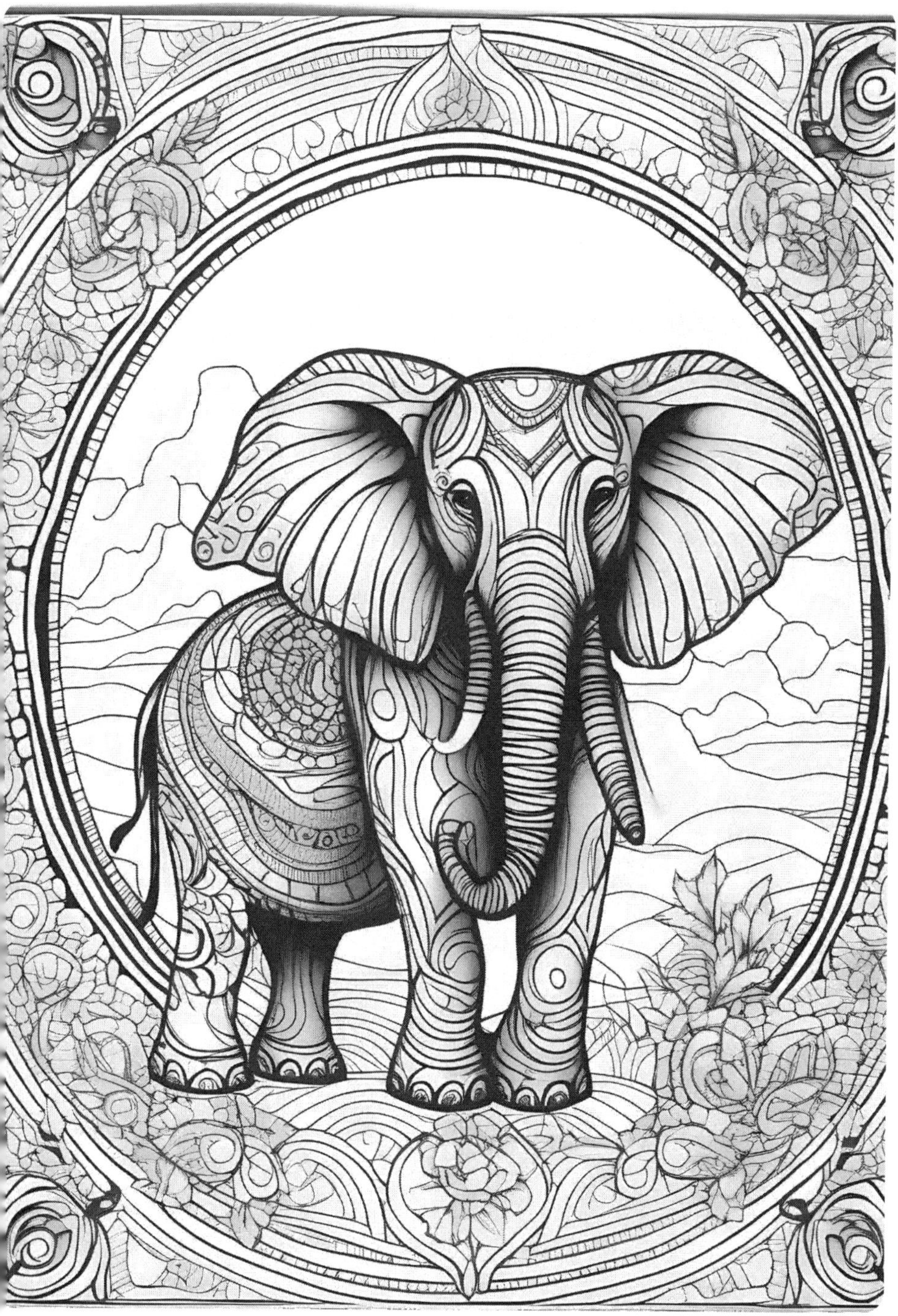

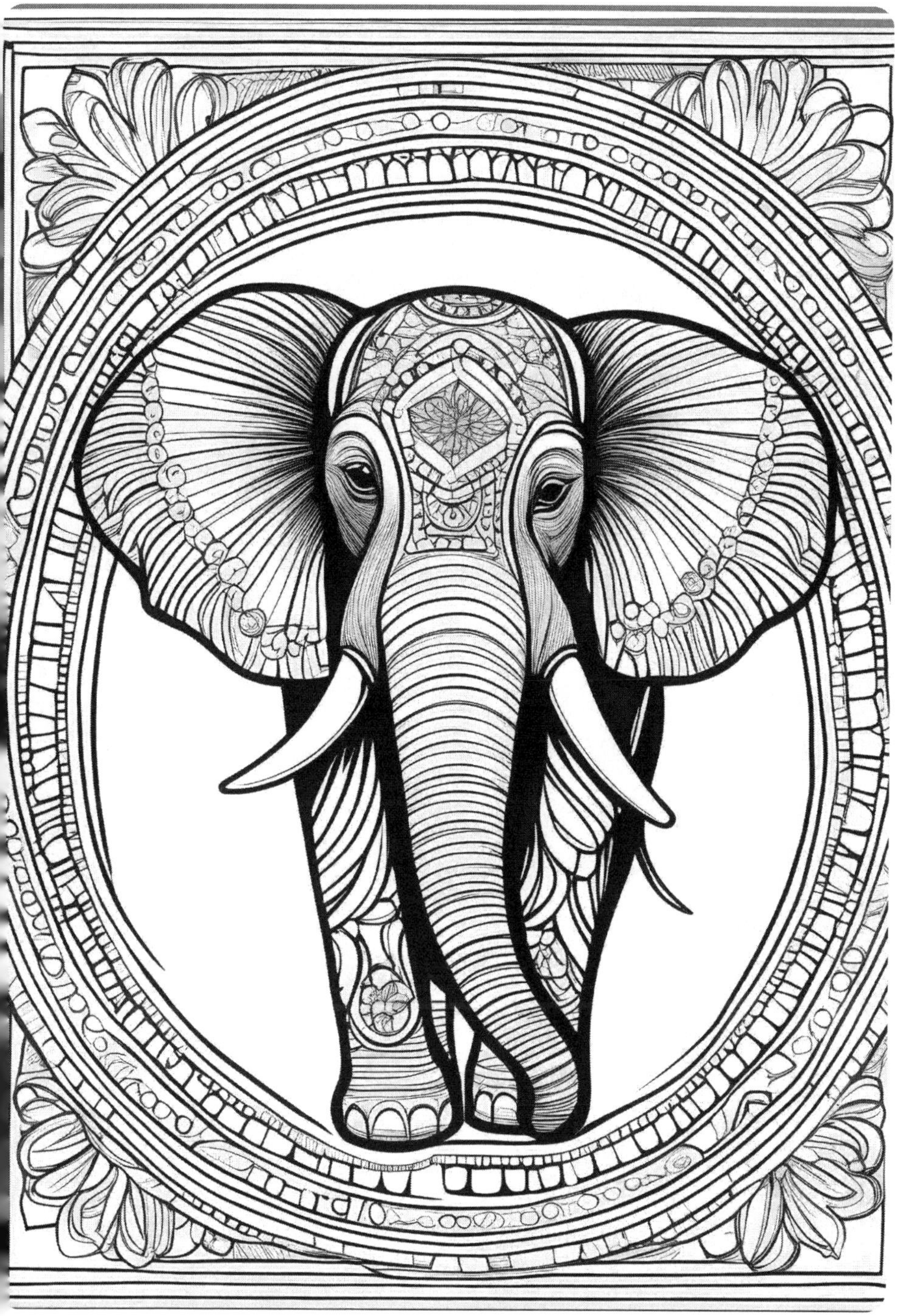

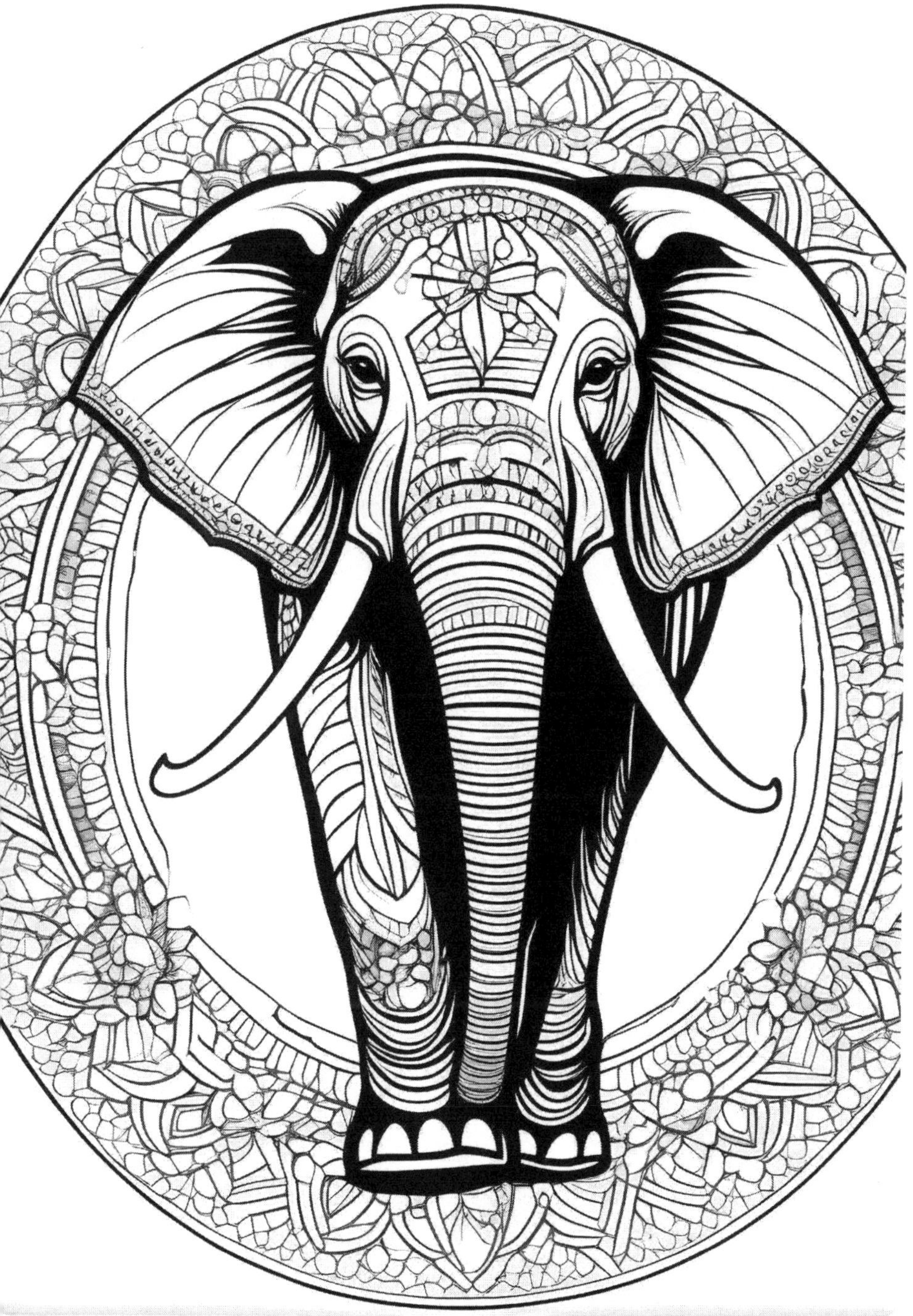

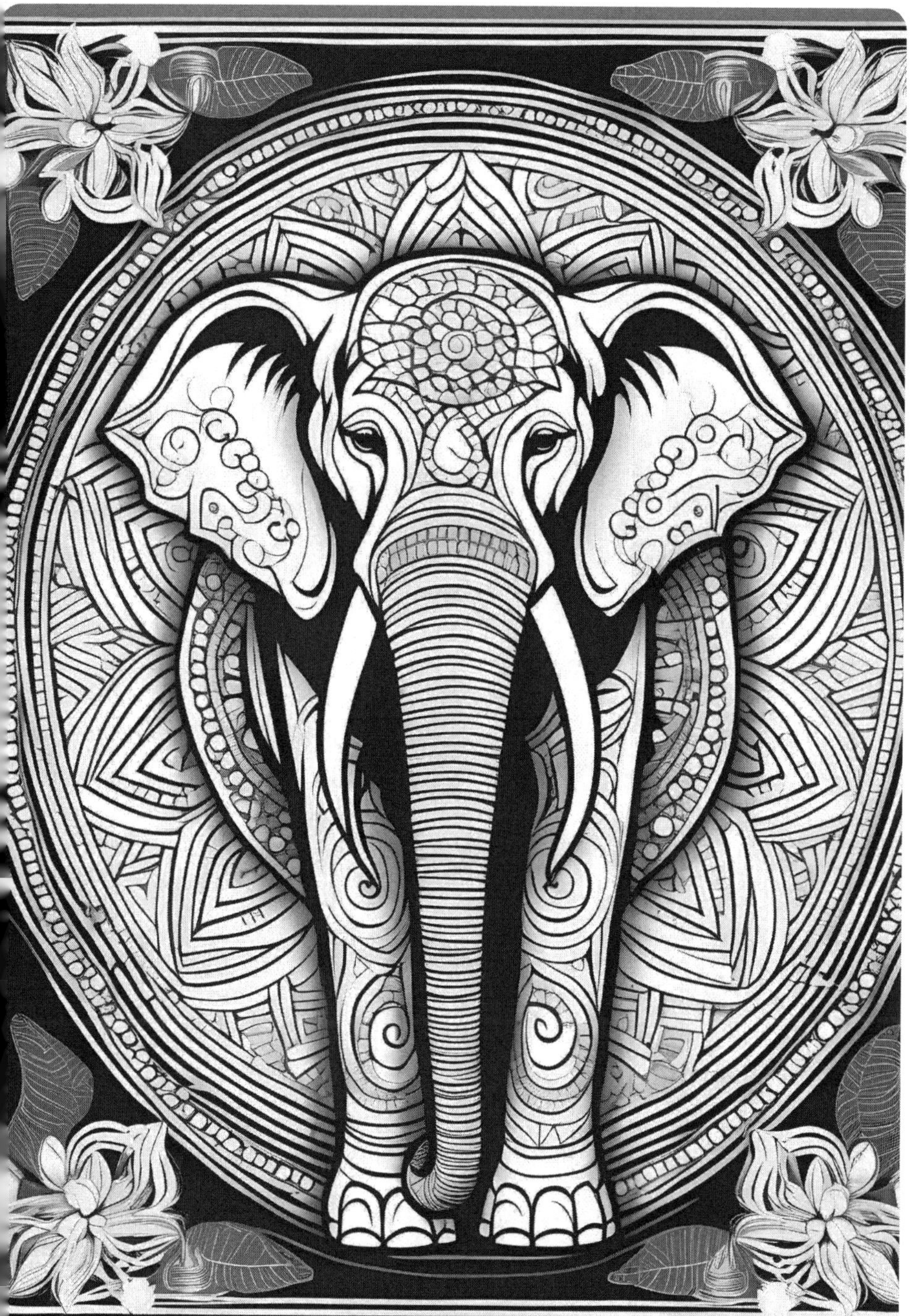

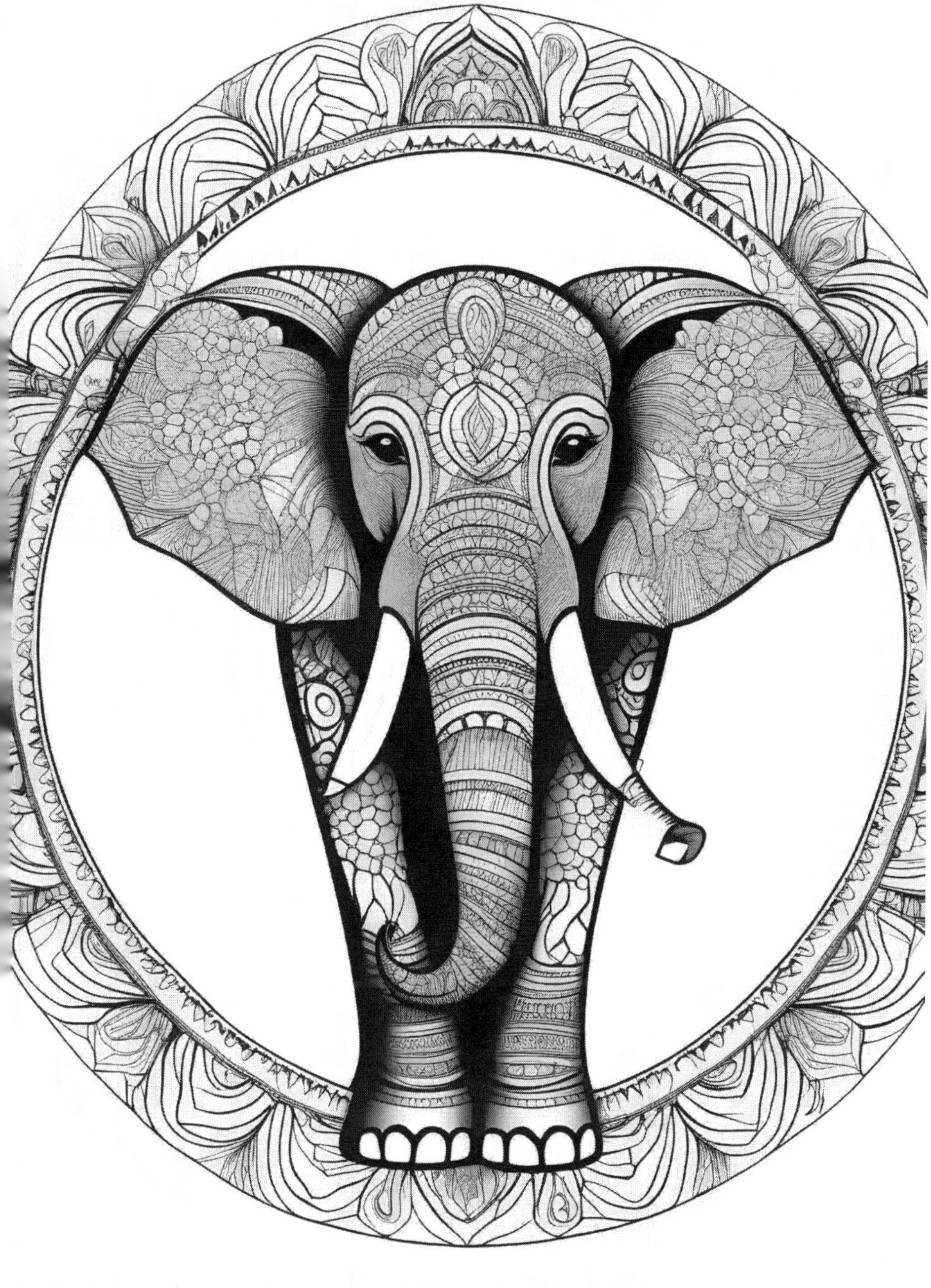

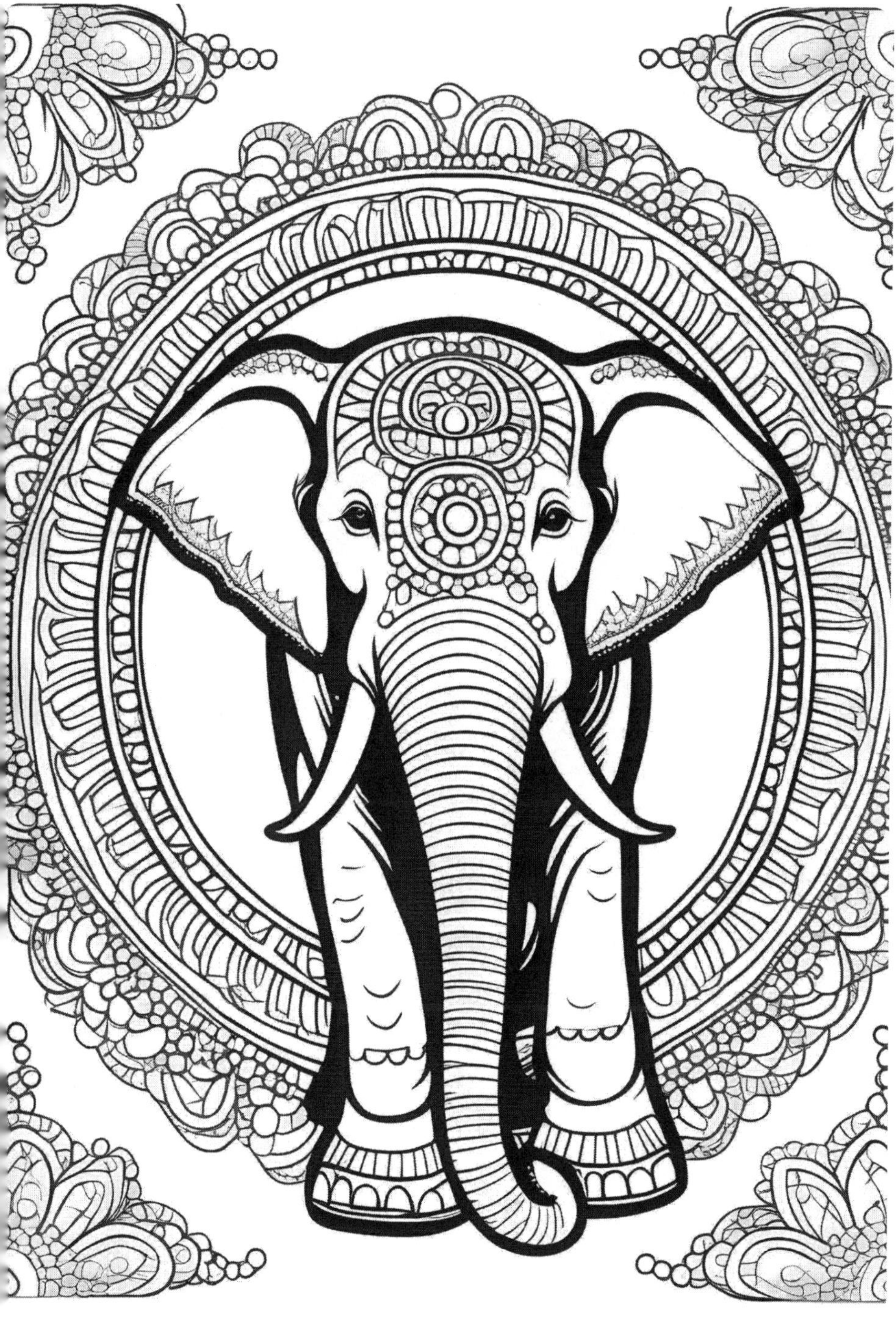

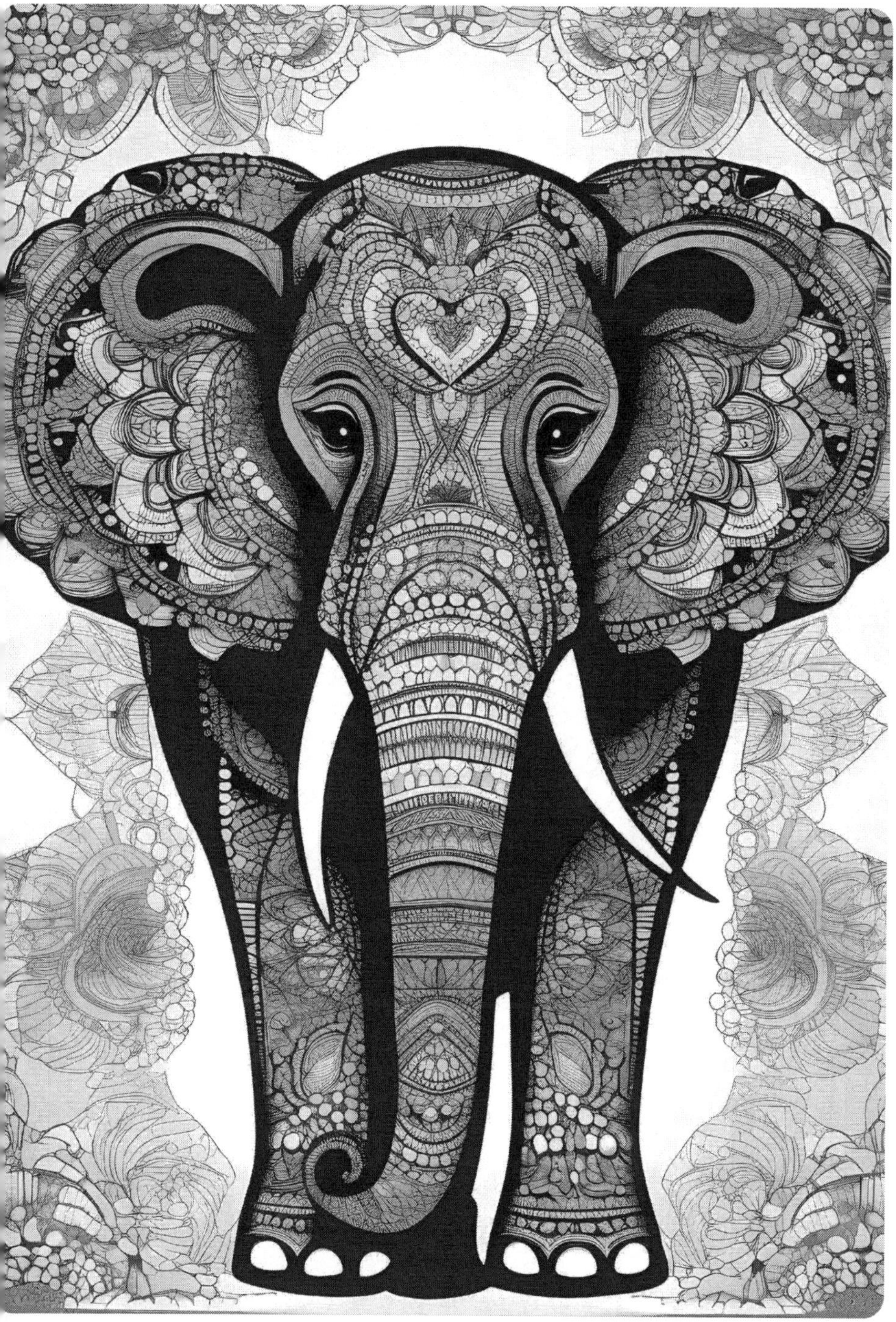

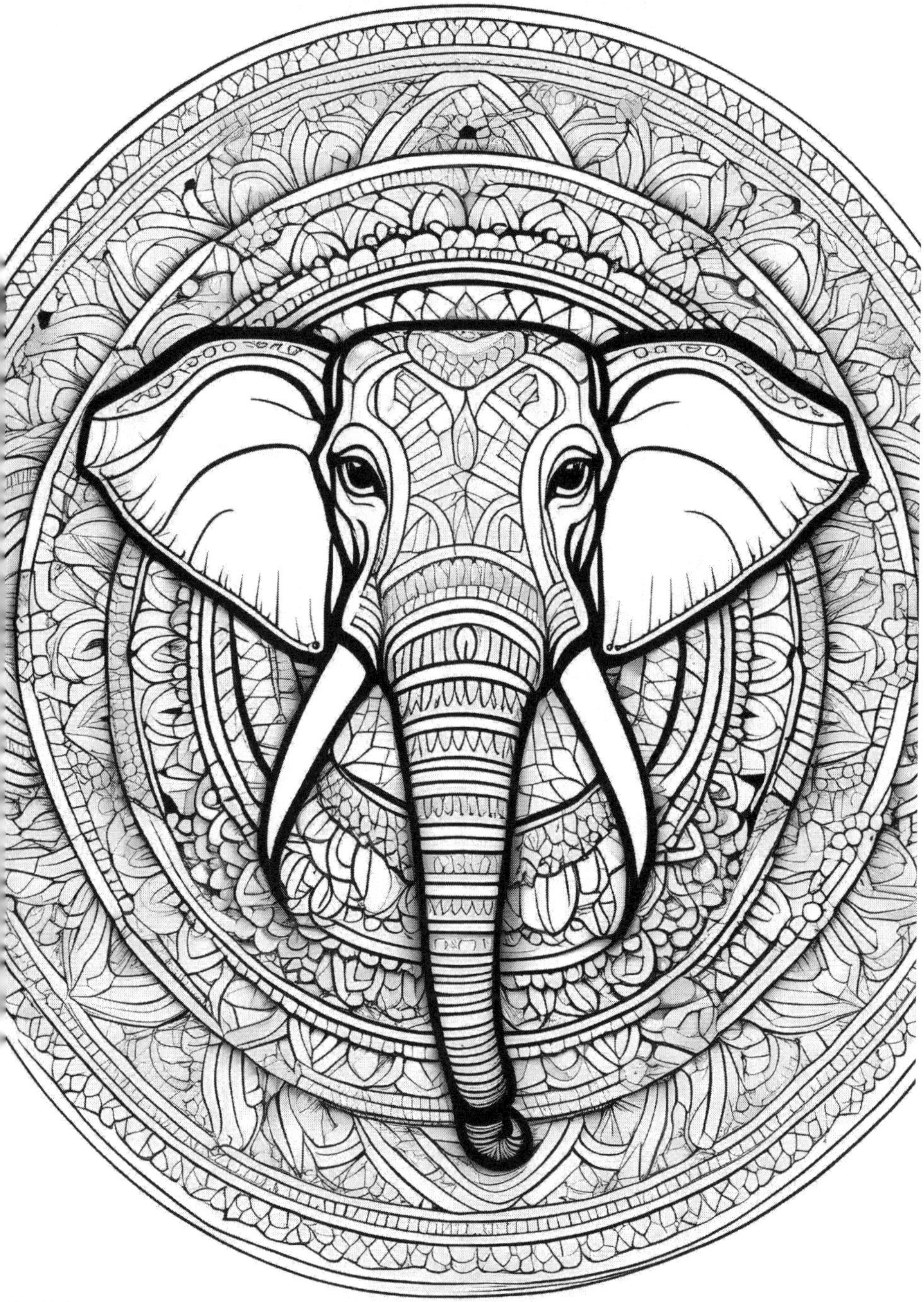

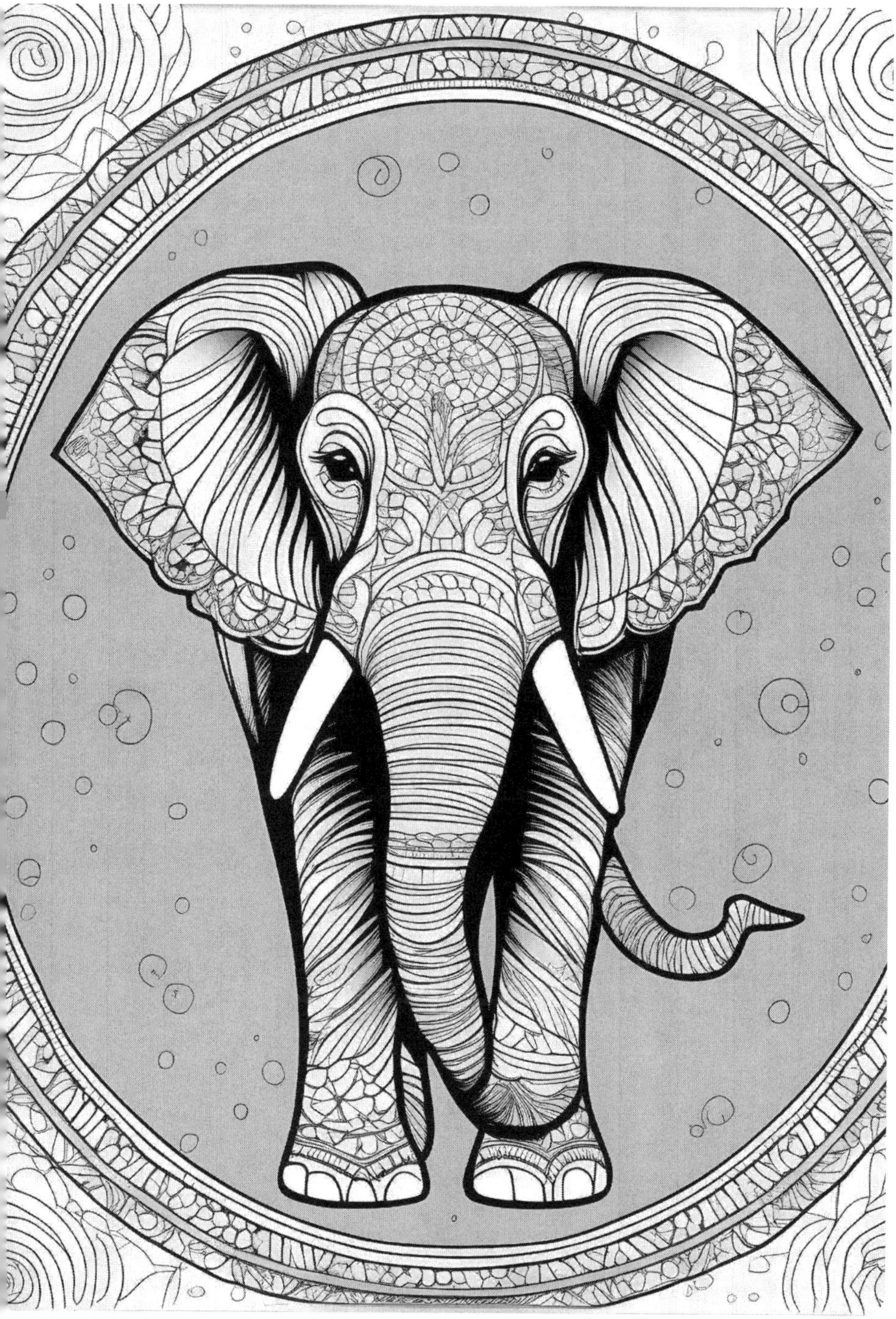

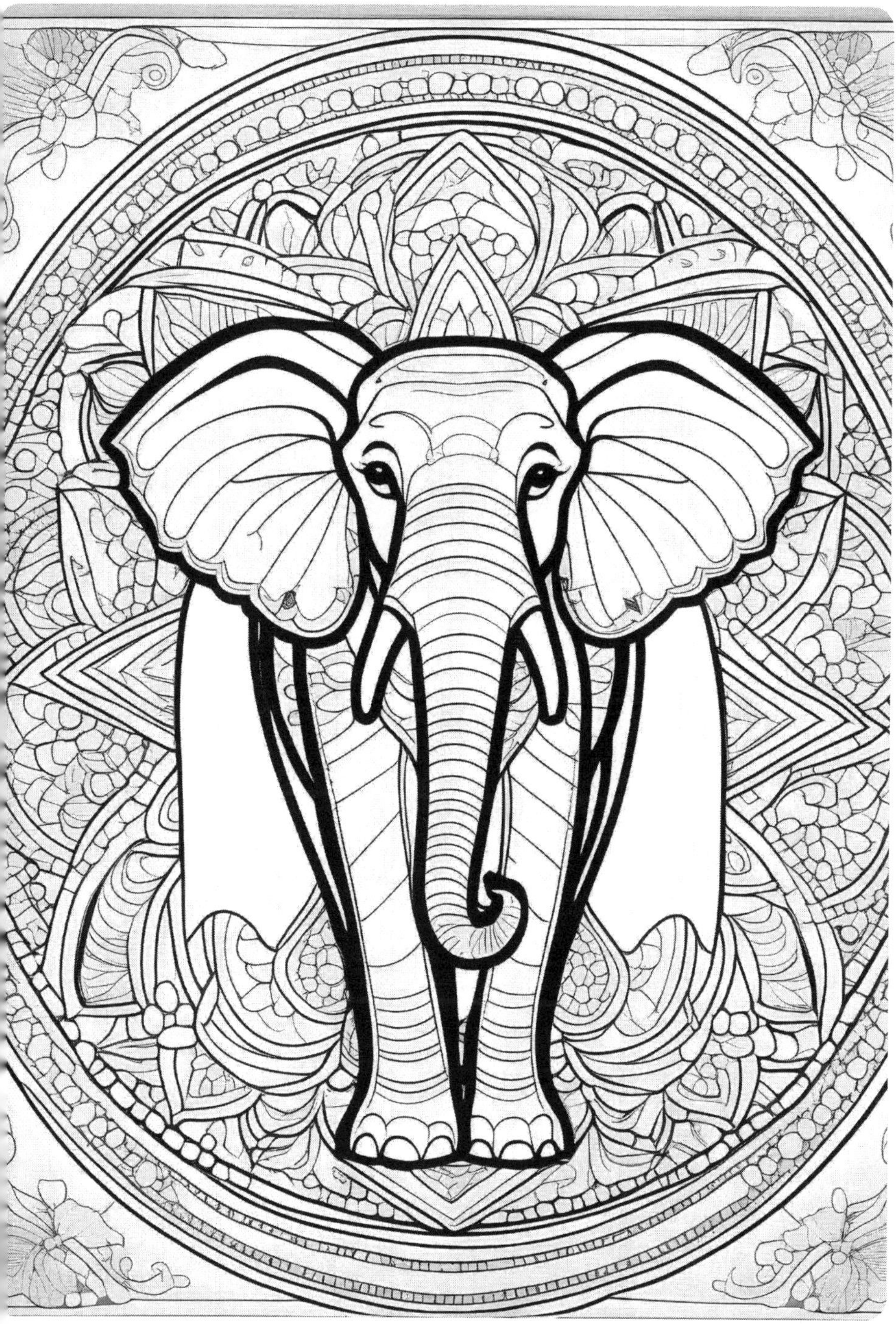

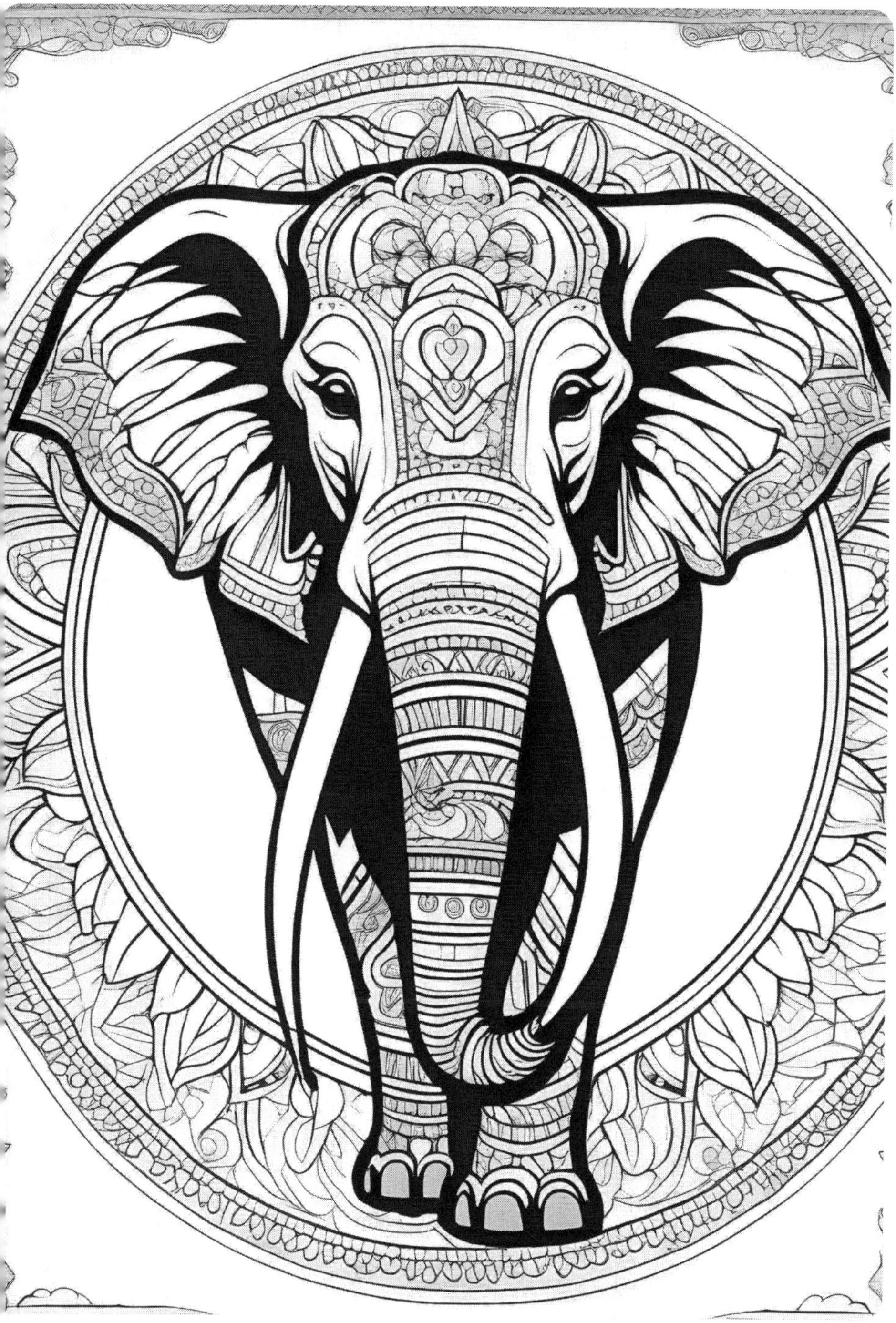

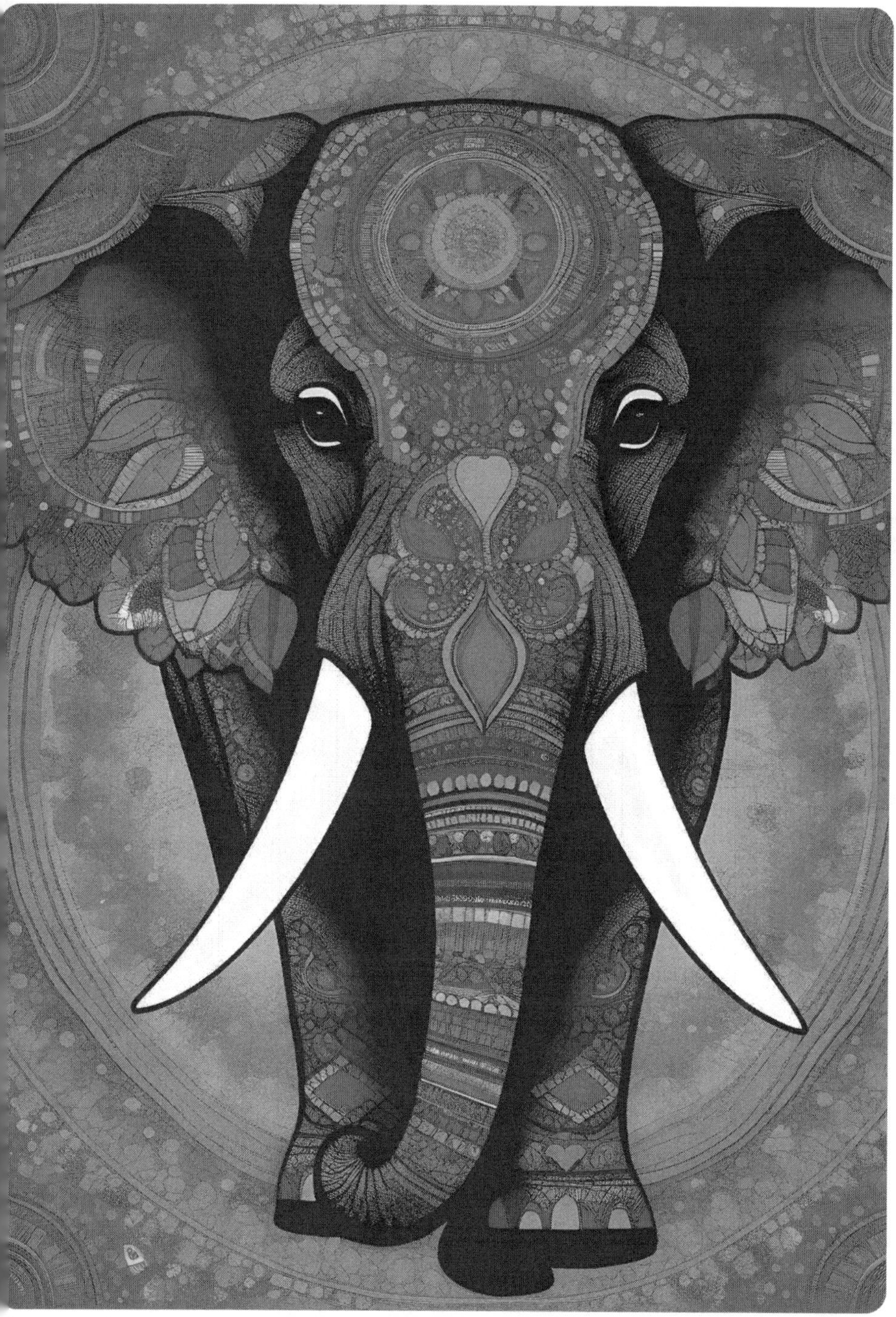

Made in the USA
Monee, IL
26 July 2025

21952679R00024